*Conrad K. Butler*

# LE MONDE DES CAMIONS POUR LES ENFANTS

# Ashok Leyland

UNE ENTREPRISE AUTOMOBILE INDIENNE
PRODUISANT DES CAMIONS ET DES FOURGONNETTES,
DES BUS, DES VÉHICULES MILITAIRES ET DES
MOTEURS. L'ACTIVITÉ DE L'ENTREPRISE
A COMMENCÉ AVEC L'ASSEMBLAGE DE VÉHICULES
AUSTIN, LA PREMIÈRE VOITURE PRODUITE ÉTAIT LE
MODÈLE A10. EN 1950, UN ACCORD A ÉTÉ SIGNÉ AVEC
LEYLAND MOTORS, EN VERTU DUQUEL ASHOK MOTORS
DEVAIT AVOIR LES DROITS EXCLUSIFS D'IMPORTER,
D'ASSEMBLER PUIS DE FABRIQUER DES CAMIONS
LEYLAND EN INDE PENDANT SEPT ANS. EN 1955,
LEYLAND EST DEVENU ACTIONNAIRE DE LA SOCIÉTÉ
ET SON NOM A ÉTÉ CHANGÉ EN ASHOK LEYLAND.

ASHOK LEYLAND

ASHOK LEYLAND
1515HE

# Avia

DANS LA SECONDE MOITIÉ DES ANNÉES 1960, DE PETITS CAMIONS MARQUÉS DES SYMBOLES A15 ET A30 ONT COMMENCÉ À SORTIR DES CHAÎNES DE PRODUCTION DE L'USINE AVIA DE PRAGUE (RÉPUBLIQUE TCHÈQUE). LA PRODUCTION DE NOUVEAUX MODÈLES SOUS LICENCE DANS L'USINE DE PRAGUE A COMMENCÉ EN 1968, ELLE ÉTAIT LE RÉSULTAT D'UN ACCORD DE LICENCE SIGNÉ UN AN PLUS TÔT ENTRE LES AUTORITÉS TCHÉCOSLOVAQUES ET LA SOCIÉTÉ FRANÇAISE SAVIEM. L'USINE ELLE-MÊME ÉTAIT UN FABRICANT BIEN CONNU D'AVIONS ET DE MOTEURS D'AVIONS AVANT LA GUERRE.
EN 2019, AVIA A CÉLÉBRÉ SON 100E ANNIVERSAIRE, MAIS L'ÉTAT DES PLANTES N'EST PAS LE MEILLEUR ET LE SORT DE LEUR SURVIE EST DÉSORMAIS EN JEU.

# BELAZ

## BelAZ

BELAZ EST UNE USINE BIÉLORUSSE FONDÉE EN 1948. APRÈS L'EFFONDREMENT DE L'UNION SOVIÉTIQUE, L'ENTREPRISE A DÛ S'ADAPTER À L'ÉVOLUTION DE L'ENVIRONNEMENT ÉCONOMIQUE. POUR ÉLARGIR SA GAMME DE PRODUITS, ELLE A COMMENCÉ À PRODUIRE DE NOUVEAUX PRODUITS POUR LA CONSTRUCTION DE ROUTES ET LA PRODUCTION MÉTALLURGIQUE. LES VÉHICULES BELAZ ONT ACQUIS UNE BONNE RÉPUTATION PRINCIPALEMENT AU VIETNAM ET EN AFRIQUE DU NORD.

12
75710
БелАЗ

# DAF

## DAF

DAF EST UN FABRICANT NÉERLANDAIS DE CAMIONS ET D'AUTOBUS. LE NOM DAF SIGNIFIE DOORNE'S ANHANGWAGEN FABRIEK. EN 1938, LA PRODUCTION DE CAMIONS POUR L'ARMÉE A COMMENCÉ, ET APRÈS LA GUERRE, ILS ONT PRODUIT DES CAMIONS ET DES BUS CIVILS. EN 1957, ILS ONT PRODUIT LE PREMIER CAMION AVEC UN LIT DE CONDUCTEUR, ET DANS LES ANNÉES 1970, ILS ONT INSTALLÉ UN MOTEUR ÉQUIPÉ D'UN TURBOCOMPRESSEUR EN COMBINAISON AVEC UN REFROIDISSEUR INTERMÉDIAIRE. POUR LA PREMIÈRE FOIS.

www.startthefuture.com
www.startthefuture.com
WWW.DAF.COM
XF
DAF

# FAP

FAP EST UN FABRICANT YOUGOSLAVE PUIS SERBE DE CAMIONS, BUS ET REMORQUES, BASÉ À PRIBOJ, EN SERBIE. L'ENTREPRISE A ÉTÉ FONDÉE EN 1953 ET, À LA FIN DE L'ANNÉE, FAP AVAIT PRODUIT TREIZE CAMIONS L6 ET 6G SOUS LICENCE DE SAURER. C'EST LE PLUS GRAND CONSTRUCTEUR DE CAMIONS EN SERBIE. ELLE PRODUIT PLUSIEURS MODÈLES D'UNE CAPACITÉ DE CHARGE DE 10 À 32 TONNES AVEC DES MOTEURS DE 120 À 380 CV ET UNE TRANSMISSION LX2 À 8X8.

# FAW

FAW (FIRST AUTOMOBILE WORKS) EST UN CONSTRUCTEUR AUTOMOBILE CHINOIS FONDÉ EN 1953 À CHANGCHUN, OÙ EN JUILLET 1956 L'USINE A COMMENCÉ À PRODUIRE DES CAMIONS JIEFANG CA-10. FAW PRODUIT DES VOITURES À PARTIR DE PETITS VOLUMES, DES BUS AUX CAMIONS. LA PRODUCTION DE CAMIONS LOURDS FAW EN 2020 A DÉPASSÉ LA PRODUCTION DE TOUS LES CAMIONS DE L'ENTREPRISE DAIMLER. ET MÊME SI CELA N'ÉTAIT INITIALEMENT CONSIDÉRÉ QUE COMME UN CHANGEMENT TEMPORAIRE, LE CONSTRUCTEUR CHINOIS EST RESTÉ EN TÊTE.

YGN
4A-9622
FAW
Scuderia SCARANTE
Scuderia
Concrete
Scuderia SCARANTE
500HP

# Ford

FORD EST UNE SOCIÉTÉ AMÉRICAINE QUI PRODUIT DES VOITURES, DES CAMIONNETTES ET DES CAMIONS. ELLE A ÉTÉ FONDÉE PAR L'UNE DES FIGURES LES PLUS IMPORTANTES DE L'HISTOIRE DE L'INDUSTRIE AUTOMOBILE – HENRY FORD EN 1903 À DETROIT. EN 1948, UNE NOUVELLE GAMME DE CAMIONS LÉGERS ET DE CAMIONNETTES A ÉTÉ INTRODUITE, NOM DE CODE F, QUI SONT ENSUITE DEVENUS LES CAMIONS LÉGERS AMÉRICAINS LES PLUS POPULAIRES. AUJOURD'HUI, FORD EST LE DEUXIÈME CONSTRUCTEUR AUTOMOBILE AUX ÉTATS-UNIS ET LE CINQUIÈME AU MONDE.

# Foton

BEIQI FOTON MOTOR EST UNE SOCIÉTÉ AUTOMOBILE CHINOISE FONDÉE EN 1996 ET DONT LE SIÈGE EST À PÉKIN. AVEC UN CHAMP D'ACTIVITÉ COUVRANT UNE SÉRIE COMPLÈTE DE VÉHICULES UTILITAIRES, Y COMPRIS DES CAMIONS MOYENS ET LOURDS, DES CAMIONS LÉGERS, DES FOURGONNETTES, DES CAMIONNETTES ET DES ENGINS DE CONSTRUCTION, ET UN VOLUME TOTAL DE PRODUCTION ET DE VENTE D'ENVIRON 9 000 000 DE VÉHICULES. LE LOGO "BRILLIANT DIAMOND" DE FOTON EST COMPARÉ À UN DIAMANT ÉTINCELANT, CE QUI SUGGÈRE L'ENGAGEMENT DE FOTON ENVERS L'INNOVATION TECHNOLOGIQUE, LE SOIN DES PERSONNES ET LA BEAUTÉ DE L'HARMONIE.

# Freightliner

FREIGHTLINER EST UNE ENTREPRISE AMÉRICAINE DE L'INDUSTRIE AUTOMOBILE QUI PRODUIT DES CAMIONS ET FAIT PARTIE DU GROUPE DAIMLER AG. LA SOCIÉTÉ A SON SIÈGE SOCIAL À PORTLAND, DANS L'OREGON. LA SOCIÉTÉ A ÉTÉ FONDÉE EN 1942. AUJOURD'HUI, FREIGHTLINER EST L'UN DES LEADERS DES VENTES DE CAMIONS EN AMÉRIQUE, SES VÉHICULES REPRÉSENTANT UNE PART IMPORTANTE DU MARCHÉ GLOBAL.

# GMC

## GMC

GMC EST UNE ENTREPRISE AMÉRICAINE QUI PRODUIT DES VÉHICULES UTILITAIRES SPORT, DES VÉHICULES TOUT-TERRAIN ET DES CAMIONS. LES ORIGINES DE LA MARQUE REMONTENT À 1902, LORSQUE LA RAPID MOTOR VEHICLE COMPANY A ÉTÉ FONDÉE PAR MAKS GRABOWSKI, L'UN DES PREMIERS CONSTRUCTEURS DE CAMIONS. GENERAL MOTORS A ACHETÉ LA MARQUE EN 1909 ET TROIS ANS PLUS TARD, LA NOUVELLE MARQUE GMC TRUCK A ÉTÉ PRÉSENTÉE AU SALON DE L'AUTOMOBILE DE NEW YORK. PENDANT LA GUERRE, LEUR MODÈLE CCKW (AVEC UNE CAPACITÉ DE CHARGE ALLANT JUSQU'À 2,5 TONNES !) ÉTAIT L'UN DES CAMIONS DE BASE DE L'ARMÉE AMÉRICAINE. PENDANT LONGTEMPS, LES MODÈLES ONT EU DE TELLES MARQUES SUR LEUR CORPS, JUSQU'À CE QU'EN 1996, IL SOIT FINALEMENT DÉCIDÉ DE SUPPRIMER LE MOT TRUCK DU NOM.

# Hino

HINO MOTORS EST UN FABRICANT JAPONAIS D'AUTOBUS ET DE CAMIONS, APPARTENANT AU GROUPE TOYOTA MOTOR CORPORATION, FONDÉ LE 1ER MAI 1942. APRÈS LA SECONDE GUERRE MONDIALE, HINO A COMMENCÉ À PRODUIRE DES TRACTEURS ET DES CAMIONS DE FRET, ET EN 1950, LE PREMIER TROLLEYBUS DE L'ENTREPRISE A ÉTÉ PRÉSENTÉ. EN 1962, LA PREMIÈRE EXPORTATION DE VÉHICULES DE CETTE MARQUE VERS LA THAÏLANDE A ÉTÉ RÉALISÉE. HINO EST DEPUIS DES ANNÉES UN LEADER DU MARCHÉ DE LA VENTE DE CAMIONS MOYENS ET LOURDS DANS DE NOMBREUX PAYS ASIATIQUES.

HINO TEAM SUGAWARA
HINO INDONESIA
TOKYO ROKI
HINO
TACHI-S
CTC
CATALER
DENSO
NPR
DAIWA EXPRESS
FEV
CHIYODA
idemitsu
KOITO
SANKYO
Nabtesco
TAKEBE
Marubeni
K LINE
WABCO
HINO AUSTRALIA
HINO
700
HIN0SS

# Hyundai

Hyundai est une entreprise automobile sud-coréenne. Ses origines remontent à 1947 lorsque Chung Ju-Yung a fondé Hyundai Engineering and Construction (alors la plus grande entreprise de construction). Ce n'est que 20 ans plus tard que la Hyundai Motor Company a été fondée pour produire des voitures et des camions. Le nom signifie modernité dans la langue maternelle (Hyeondae), et le logo symbolise une poignée de main de deux personnes. L'entreprise développe et modernise constamment sa gamme de véhicules, en se concentrant principalement sur leur fonctionnement sans panne. Dans de nombreux cas, il surpasse ses rivaux d'Europe ou des États-Unis à cet égard.

HYUNDAI
MIGHTY
EX8
MEGA
45 TON
HYUNDAI
81우5893
간판
996

# Isuzu

ISUZU EST UNE SOCIÉTÉ AUTOMOBILE JAPONAISE DONT LE SIÈGE EST À TOKYO. C'EST L'UNE DES PLUS ANCIENNES MARQUES JAPONAISES ET SES ORIGINES REMONTENT À 1916 LORSQUE 2 SOCIÉTÉS ONT CRÉÉ UN PLAN DE PRODUCTION AUTOMOBILE, ET UN AN PLUS TARD ONT ÉTABLI UNE COOPÉRATION AVEC LE BRITANNIQUE WOLSELEY. ACTUELLEMENT, SOUS SON LOGO, ELLE PRODUIT DES PICK-UP, DES VÉHICULES TOUT-TERRAIN ET DES CAMIONS, MAIS LES USINES ISUZU PRODUISENT ÉGALEMENT DES MOTEURS DIESEL, AVEC LESQUELS GM FOURNIT SES MODÈLES.

บ. สหศิลาและที่ดิน จก.
THAILAND '01
83-3209
1กว 4727
ISUZU

# IVECO

## Iveco

IVECO EST UNE MARQUE ITALIENNE QUI PRODUIT DES CAMIONNETTES, DES CAMIONS ET DES BUS. ELLE A ÉTÉ CRÉÉE EN 1975 À LA SUITE DE LA FUSION DE 5 SOCIÉTÉS DE 3 PAYS : L'ALLEMAGNE (MAGIRUS DEUTZ), L'ITALIE (FIAT VEICOLI INDUSTRIALI, OM, LANCIA VEICOLI SPECIALI) ET LA FRANCE (UNIC). LEUR PREMIER MODÈLE COMMUN ET LE PLUS POPULAIRE ÉTAIT LE DAILY QUI A ÉTÉ LANCÉ EN 1981, SUIVI DU MODÈLE TURBO ET ENSUITE DU TURBOSTAR. IVECO A REMPORTÉ UN GRAND SUCCÈS SUR LE MARCHÉ EUROPÉEN. EN PLUS DU DAILY, L'ENTREPRISE A ÉGALEMENT GAGNÉ BEAUCOUP D'ARGENT GRÂCE AU MODÈLE EUROCARGO, MIS EN VENTE EN 1991, ET DEPUIS 2008, LA TROISIÈME GÉNÉRATION DE CE MODÈLE EST PRODUITE. IL EST VENDU DANS PLUS DE QUATRE-VINGT-DIX PAYS ET A REMPORTÉ DE NOMBREUX PRIX.

www.dtwlogistics.pl
DTW
logistics
IVECO
STRALIS
460
IVECO
TC2100090
IVECO
NP
Natural Gas

# Kenworth

LA MARQUE KENWORTH A ÉTÉ CRÉÉE EN 1923 À SEATTLE (LE COIN NORD-OUEST DES ÉTATS-UNIS) SOUS L'INSPIRATION DE GEORGE T. GERLINGER, QUI DIRIGEAIT AUPARAVANT LA SOCIÉTÉ GERLINGER MOTORS. HARRY KENT ET EDGAR WORTHININGTON ONT ÉGALEMENT PARTICIPÉ AU PROCESSUS DE CRÉATION DE L'ENTREPRISE, DONT LES NOMS ONT DONNÉ NAISSANCE AU NOM DE CE FABRICANT (KEN+WORTH). L'ENTREPRISE EST RAPIDEMENT DEVENUE UN FABRICANT APPRÉCIÉ NON SEULEMENT DE CAMIONS, MAIS AUSSI D'AUTOBUS ET DE CAMIONS DE POMPIERS, ET APRÈS LA SECONDE GUERRE MONDIALE, ELLE A CONNU UN DÉVELOPPEMENT PARTICULIÈREMENT RAPIDE. IL CONVIENT DE MENTIONNER QU'EN 1945, KENWORTH EST DEVENU UNE PARTIE DE LA SOCIÉTÉ PACCAR (PACIFIC CAR AND FOUNDRY COMPANY), QUI COMPREND ACTUELLEMENT LE NÉERLANDAIS DAF AINSI QUE L'AMÉRICAIN PETERBILT.

# KrAZ

C'EST UN CONSTRUCTEUR DE CAMIONS BASÉ À KREMENTCHOUK, EN UKRAINE. L'UN DES PREMIERS CAMIONS ÉTAIT LE KRAZ-219 AVEC UN MOTEUR DE SEPT LITRES DE 180 CH DE TYPE JAAZ-206. APRÈS L'EFFONDREMENT DE L'URSS ET L'ÉMERGENCE DE L'UKRAINE INDÉPENDANTE, DES TEMPS DIFFICILES SONT ARRIVÉS POUR L'USINE. EN 1991, LA SOCIÉTÉ COMMERCIALE KRAZ A ÉTÉ CRÉÉE. DE NOUVEAUX MODÈLES ONT FAIT LEURS DÉBUTS AVEC LES CAMIONS À BENNE BASCULANTE KRAZ-6510 ET LES CAMIONS KRAZ-650321 DE 20 TONNES. EN 2006, LE 800 000E VÉHICULE EST SORTI. EN 2009, LA PRODUCTION DE CAMIONS D'UN NOUVEAU TYPE KRAZ C20.2 6X4 A COMMENCÉ.

# Mack

MACK TRUCKS EST UN FABRICANT DE CAMIONS AMÉRICAINS. L'ENTREPRISE PRODUIT DES VÉHICULES DE CHANTIER, MAIS AUSSI DES VÉHICULES DESTINÉS AUX LONGUES DISTANCES. MACK S'EST SURTOUT FAIT CONNAÎTRE PENDANT LA PREMIÈRE GUERRE MONDIALE. ENVIRON 1 600 UNITÉS MACK AC ONT ÉTÉ EXPÉDIÉES EN FRANCE, OÙ LE CAMION DE 6 TONNES A ÉTÉ SURNOMMÉ LE "BULLDOG" POUR SA RÉSISTANCE, DONNANT NAISSANCE AU SYMBOLE DE LA MARQUE, ET CE N'EST QU'EN 1922 QU'IL A ÉTÉ ADOPTÉ COMME LOGO. ACTUELLEMENT, CES CAMIONS SONT LES PLUS POPULAIRES AUX ÉTATS-UNIS.

Mack Trucks Academy
MACK
MACK
34
798753

MAN

C'EST UNE SOCIÉTÉ ALLEMANDE BASÉE À MUNICH. L'UNE DES PLUS IMPORTANTES ENTREPRISES DE PRODUCTION DE CAMIONS, D'AUTOBUS, DE FOURGONNETTES, DE MOTEURS ET D'ÉQUIPEMENTS INDUSTRIELS, QUI DÉTIENT DE NOMBREUSES PARTS DANS DES ENTREPRISES DU MONDE ENTIER. AUJOURD'HUI, L'ENTREPRISE PRODUIT DE NOMBREUX BUS, CAMIONS INNOVANTS ET PLUS ENCORE.

Landshut
Freising
München
Arena
Messe/ICM
Nürnberg
M AN 2884
THE NEW MAN TGX INDIVIDUAL LION
Simply my truck
INDIVIDUAL
MAN
M AN 640

# MAZ

MAZ, C'EST-À-DIRE MINSKI AUTOMOBILNY ZAWOD, EST UN FABRICANT BIÉLORUSSE DE CAMIONS, BUS ET TROLLEYBUS (1995-2001 SOUS LICENCE NEOPLAN) AINSI QUE DE REMORQUES ET SEMI-REMORQUES BASÉ À MINSK, EXISTANT DEPUIS 1944 ET PRODUISANT DEPUIS 1947. UN FAIT INTÉRESSANT EST QUE MAZ DANS LES ANNÉES 80 A DÉVELOPPÉ LE SOI-DISANT SOLO AVEC UN BOGIE AVANT INTÉGRÉ AUX PASSAGES DE ROUE ET AU PARE-CHOCS MAIS TOURNANT LORS DES VIRAGES SANS CABINE. LE TOUT RESSEMBLAIT UN PEU AU COMPORTEMENT DES CHARIOTS DE LOCOMOTIVE. LE CONDUCTEUR N'A PAS ACTIONNÉ LES ROUES SEULES (QUI ÉTAIENT TOUJOURS CACHÉES DANS LES PASSAGES DE ROUE), MAIS L'ENSEMBLE DU MODULE ÉTAIT EMBALLÉ SOUS LUI (DEUXIÈME PHOTO).

МАЗ
AUTOEXPORT
MAZ
8320 МИЛ

# Mercedes

LA MARQUE ALLEMANDE DE VOITURES PRODUITES PAR DAIMLER AG CONCERNE. LES VOITURES PARTICULIÈRES, LES FOURGONNETTES, LES CAMIONS ET LES BUS SONT PRODUITS SOUS L'INSIGNE ÉTOILE À TROIS BRANCHES. SES DÉBUTS REMONTENT À 1883, LORSQUE KARL BENZ, MAX ROSE ET FREDRICH W. ESSLINGER ONT FONDÉ BENZ & CO. LE NOM MERCEDES VIENT DU NOM DE MERCEDES JELLINEK, FILLE D'EMIL JELLINK, REPRÉSENTANT DE DAIMLER. LES CHEMINS DES SOCIÉTÉS BENZ ET DAIMLER ONT CONVERGÉ À LA SUITE DES CHANGEMENTS DE L'ÉCONOMIE ALLEMANDE ET LA SOCIÉTÉ DAIMLER-BENZ A ÉTÉ OFFICIELLEMENT CRÉÉE EN 1926. MERCEDES SE DISTINGUE AVANT TOUT PAR LA QUALITÉ, L'INNOVATION ET LA SÉCURITÉ, C'EST POURQUOI ELLE EST CONSIDÉRÉE COMME L'UNE DES LES MARQUES LES PLUS PRESTIGIEUSES AU MONDE.

Como camión, recomiendo Goodyear.
GOODYEAR MADE TO FEEL GOOD.
lasmaravillas
ACTROS
1426 JLC
GER ZF 543

# Mitsubishi

MITSUBISHI EST UNE SOCIÉTÉ JAPONAISE FONDÉE EN 1870 PAR YATARO IWASAKI. DANS L'AVIATION, LA DÉFENSE ET CE QUI NOUS INTÉRESSE LE PLUS – L'INDUSTRIE AUTOMOBILE. LE NOM SIGNIFIE "3 DIAMANTS" EN JAPONAIS ET LE REFLÈTE DANS SON LOGO. EN 2011, MITSUBISHI MOTORS ÉTAIT LE SIXIÈME CONSTRUCTEUR AUTOMOBILE JAPONAIS ET LE SEIZIÈME CONSTRUCTEUR MONDIAL EN TERMES DE PRODUCTION.

# NAVISTAR

# Navistar

NAVISTAR EST L'UN DES PRINCIPAUX FABRICANTS MONDIAUX DE CAMIONS, D'AUTOBUS ET DE MOTEURS. LA SOCIÉTÉ A ÉTÉ FONDÉE EN 1902 ET SON SIÈGE SOCIAL EST SITUÉ À LISLE, DANS L'ILLINOIS. GRÂCE À DES CAMIONS INNOVANTS TELS QUE LA SÉRIE PROSTAR, QUI ÉTABLISSENT DE NOUVELLES NORMES EN TERMES D'AÉRODYNAMISME ET D'EFFICACITÉ ÉNERGÉTIQUE, L'ACTIVITÉ DE L'ENTREPRISE S'EST CONSIDÉRABLEMENT DÉVELOPPÉE.

# Peterbilt

PETERBILT EST UNE SOCIÉTÉ AMÉRICAINE DE L'INDUSTRIE AUTOMOBILE QUI FABRIQUE DES CAMIONS, APPARTENANT AU GROUPE PACCAR. LA SOCIÉTÉ A SON SIÈGE SOCIAL À DENTON, AU TEXAS. EN 1939, LA PRODUCTION DE CAMIONS PETERBILT A COMMENCÉ. AU COURS DE LA PREMIÈRE ANNÉE D'EXPLOITATION, IL VÉHICULES ONT ÉTÉ PRODUITS, LA SUIVANTE – 82. ACTUELLEMENT, CE CONSTRUCTEUR EST UN ACTEUR MAJEUR SUR LE MARCHÉ AMÉRICAIN. LA SOCIÉTÉ LÉGENDAIRE COMPTE DE NOMBREUX FANS DANS LE MONDE ENTIER, MAIS SURTOUT AUX ÉTATS-UNIS.

579 EV
ZERO EMISSIONS
Peterbilt
DW-FG-62

Renault
UNE MARQUE AUTOMOBILE FRANÇAISE QUI PRODUIT DES VOITURES ET DES CAMIONS. L'ENTREPRISE A ÉTÉ FONDÉE EN 1899 PAR LES FRÈRES LOUIS, FERNAND ET MARCEL RENAULT. RENAULT TRUCKS EST PRÉSENT DANS 100 PAYS SUR LES 5 CONTINENTS.
LE DÉVELOPPEMENT ET LA PRODUCTION DE VÉHICULES SONT CONCENTRÉS EN FRANCE ET EN ESPAGNE. EN PLUS DES CAMIONS ET DES MOTEURS DIESEL, DES VÉHICULES MILITAIRES SONT ÉGALEMENT PRODUITS.

RENAULT TRUCKS Z.E.
#SwitchToElectric
ZE

# Roman

ROMAN EST UN CONSTRUCTEUR ROUMAIN D'AUTOBUS ET DE CAMIONS BASÉ À BRASOV, EN ROUMANIE. EN 195L, L'USINE A LANCÉ LES PREMIERS CAMIONS SR 101 SOUS LICENCE ZIS. EN 2000, L'ÉQUIPAGE A CÉLÉBRÉ LA PRODUCTION DU 750 000E CAMION. ACTUELLEMENT, DES VÉHICULES MUNICIPAUX, DES CAMIONS-CITERNES, DES CAMIONS À BENNE BASCULANTE, DES CAMIONS FORESTIERS, DES GRUES, DES VÉHICULES DE LUTTE CONTRE LES INCENDIES ET DES VÉHICULES MILITAIRES SONT FABRIQUÉS.

# Scania

SCANIA EST UNE ENTREPRISE SUÉDOISE QUI PRODUIT DES CAMIONS, DES TRACTEURS, DES BUS ET DES MOTEURS DIESEL. L'ENTREPRISE A ÉTÉ FONDÉE EN 1891 À MALMO. LE NOM DE LA MARQUE VIENT DE TERRES EN SUÈDE. BIENTÔT, LES SUÉDOIS ONT ÉGALEMENT COMMENCÉ LA PRODUCTION DE CAMIONS ET DE VOITURES PARTICULIÈRES. DANS LES ANNÉES 1969-1995, LA COOPÉRATION AVEC UNE AUTRE MARQUE SUÉDOISE, SAAB, SE POURSUIT. EN 2011, LA MARQUE SUÉDOISE A ÉTÉ ENTIÈREMENT REPRISE PAR VOLKSWAGEN AG.

# Sisu

SISU EST UN FABRICANT FINLANDAIS DE CAMIONS, DE VÉHICULES MILITAIRES ET SPÉCIALISÉS, DONT LE SIÈGE EST À KARIS, EN FINLANDE. L'ENTREPRISE A ÉTÉ FONDÉE EN 1931. ACTUELLEMENT, LES VOITURES VENDUES SOUS LA MARQUE SISU UTILISENT DES CABINES DE RENAULT PREMIUM. OUTRE LE STYLE DIFFÉRENT DE LA CALANDRE ET DU LOGO SISU, LA CABINE N'EST PAS DIFFÉRENTE DE CELLES UTILISÉES DANS LES PRODUITS RENAULT TRUCKS. EN DEHORS DE LA FINLANDE, LES VÉHICULES SISU SONT CONNUS, ENTRE AUTRES, POUR L'ESTONIE, LA LITUANIE, LA LETTONIE, LA RUSSIE ET LA SUÈDE. SISU A ÉGALEMENT CRÉÉ UNE SOCIÉTÉ DISTINCTE EN ESTONIE, SPÉCIALISÉE DANS LA MISE EN PLACE D'UN RÉSEAU DE VENTE ET DE SERVICE. LES CAMIONS SISU SONT ÉGALEMENT UTILISÉS AU MOYEN-ORIENT PAR DES UNITÉS DE L'ARMÉE FINLANDAISE OPÉRANT DANS DES MISSIONS DE MAINTIEN DE LA PAIX DE L'ONU.

# Tata

TATA EST LE PLUS GRAND CONSTRUCTEUR PRIVÉ DE
VOITURES, D'AUTOBUS ET DE CAMIONS AINSI QU'UN
GÉANT INDUSTRIEL INDIEN. TATA MOTORS FAIT
PARTIE DU GROUPE TATA, FONDÉ PAR JAMSETJI
TATA. LES VÉHICULES DE CETTE MARQUE SONT
VENDUS PRINCIPALEMENT SUR LE CONTINENT
ASIATIQUE, BIEN QUE DEPUIS UN CERTAIN TEMPS LA
SOCIÉTÉ LES PROPOSE ÉGALEMENT SUR CERTAINS
MARCHÉS EUROPÉENS. LES VOITURES TATA SONT
VENDUES EN ITALIE, EN ESPAGNE, EN TURQUIE ET EN
POLOGNE.

# Tatra

TATRA EST UNE ENTREPRISE AUTOMOBILE TCHÈQUE FONDÉE EN 1850 PAR IGNÁC ŠUSTAL. L'HISTOIRE DES TATRAS REMONTE À 1850, LORSQUE IGNÁC ŠUSTALA A FONDÉ UN ATELIER DE FABRICATION DE VOITURES HIPPOMOBILES, QUI ONT ÉTÉ PRODUITES JUSQU'EN 1925. EN 1881, L'ACTIVITÉ DE L'ENTREPRISE S'EST ÉTENDUE À LA PRODUCTION DE WAGONS DE CHEMIN DE FER, ET EN 1897 LA PREMIÈRE VOITURE DE TOURISME A ÉTÉ PRODUITE. DANS LES ANNÉES 1920, TATRA A COMMENCÉ À PRODUIRE DES CAMIONS TECHNOLOGIQUEMENT AVANCÉS. ACTUELLEMENT, TATRA VEND SES VÉHICULES, PAR EX. VERS L'INDE, L'AUSTRALIE, LE BRÉSIL ET L'ARABIE SAOUDITE.

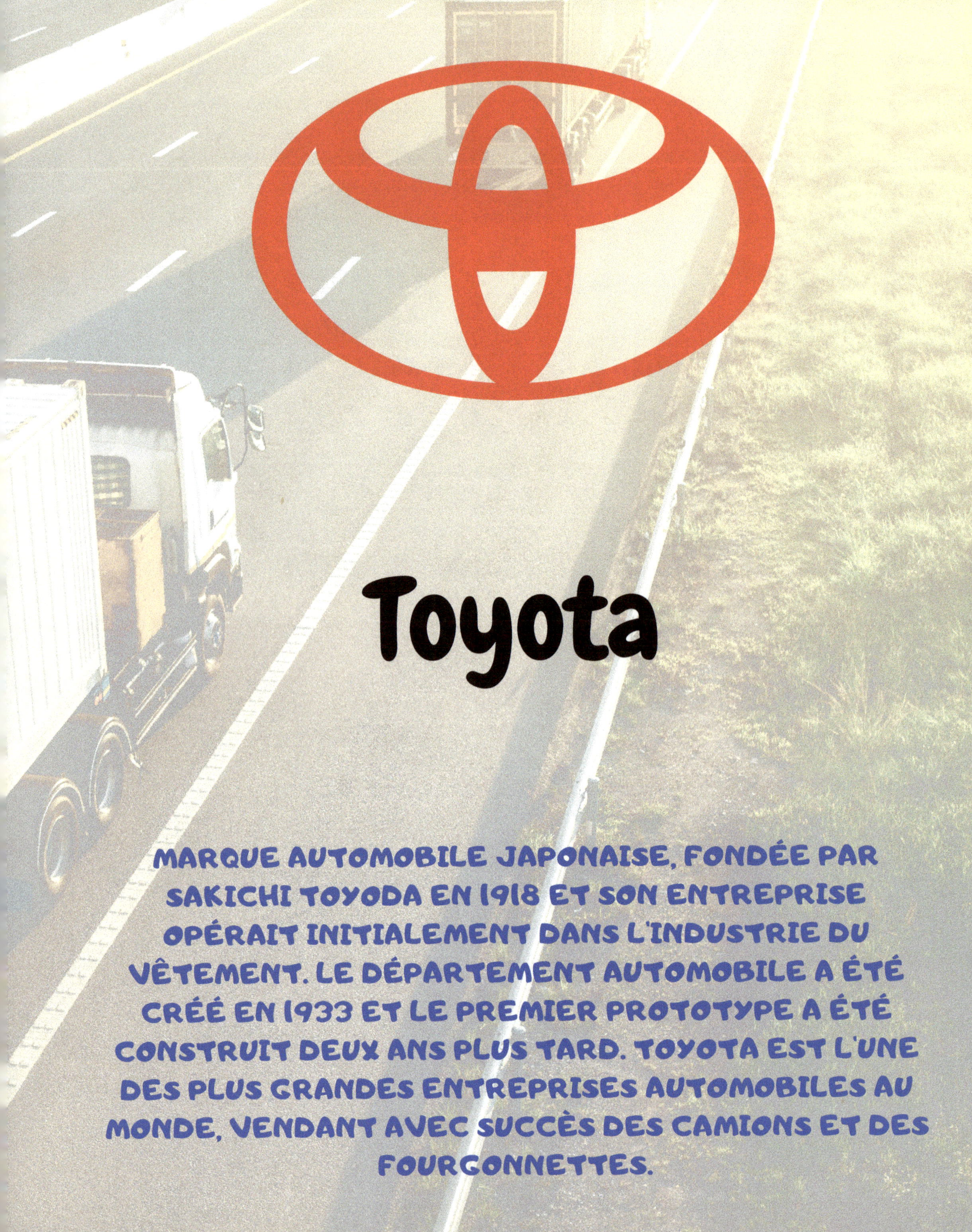
Toyota

MARQUE AUTOMOBILE JAPONAISE, FONDÉE PAR SAKICHI TOYODA EN 1918 ET SON ENTREPRISE OPÉRAIT INITIALEMENT DANS L'INDUSTRIE DU VÊTEMENT. LE DÉPARTEMENT AUTOMOBILE A ÉTÉ CRÉÉ EN 1933 ET LE PREMIER PROTOTYPE A ÉTÉ CONSTRUIT DEUX ANS PLUS TARD. TOYOTA EST L'UNE DES PLUS GRANDES ENTREPRISES AUTOMOBILES AU MONDE, VENDANT AVEC SUCCÈS DES CAMIONS ET DES FOURGONNETTES.

CREATING A ZERO-EMISSIONS WORLD
TOYOACE
TOYOTA
トラック市

# Ural

URALAZ EST UN CONSTRUCTEUR DE CAMIONS RUSSE BASÉ DANS LA VILLE DE MIASS DANS LA RÉGION DE TCHELIABINSK. LES VOITURES SONT PROPOSÉES SOUS LA MARQUE URAL. LE 8 JUILLET 1944, LE PREMIER CAMION APPELÉ ZAKHAR EST PRODUIT. L'ENTREPRISE APPARTIENT AU GROUPE GAZ DEPUIS 2005 ET LA PRIORITÉ DE L'USINE EST LA PRODUCTION MILITAIRE. URALAZ PRODUIT DES VÉHICULES À TRACTION INTÉGRALE EN CONFIGURATIONS 4x4, 6x6, 8x8 ET 10x10.

# Volvo

VOLVO EST UN CONSTRUCTEUR DE CAMIONS BASÉ À GÖTEBORG, EN SUÈDE, DÉTENU PAR VOLVO AB. EN 2016, IL ÉTAIT LE DEUXIÈME PLUS GRAND PRODUCTEUR DE CAMIONS LOURDS AU MONDE. LE PREMIER CAMION VOLVO EST SORTI DES CHAÎNES DE PRODUCTION EN 1928 ET, EN 2016, VOLVO TRUCKS EMPLOYAIT PLUS DE 52 000 PERSONNES DANS LE MONDE. VOLVO FABRIQUE ET ASSEMBLE DES CAMIONS DANS HUIT USINES D'ASSEMBLAGE EN PROPRIÉTÉ EXCLUSIVE ET NEUF USINES DÉTENUES PAR DES INTÉRÊTS LOCAUX. VOLVO TRUCKS PRODUIT ET VEND PLUS DE 190 000 UNITÉS PAR AN.

GLOBETROTTER
460 FH12
FH12
FH 12
VOLVO
FH12
VOLVO
FH12 460

VOLVO
Aurora

# Western star

WESTERN STAR EST UN CONSTRUCTEUR AMÉRICAIN DE CAMIONS BASÉ À PORTLAND, OREGON. L'ENTREPRISE A ÉTÉ FONDÉE EN 1967, INITIALEMENT EN TANT QUE MARQUE DE LA WHITE MOTOR COMPANY, SOUS LAQUELLE DES VÉHICULES ÉTAIENT PROPOSÉS SUR LA CÔTE OUEST DES ÉTATS–UNIS. WESTERN STAR FOURNIT DES CAMIONS PRINCIPALEMENT POUR UN USAGE SPÉCIALISÉ. LA MARQUE EST TRÈS APPRÉCIÉE DES TRANSPORTEURS DE BOIS, DES ENTREPRISES DE CONSTRUCTION ET DES ENTREPRISES QUI EFFECTUENT DES TRANSPORTS SURDIMENSIONNÉS.

# Vérifiez également :

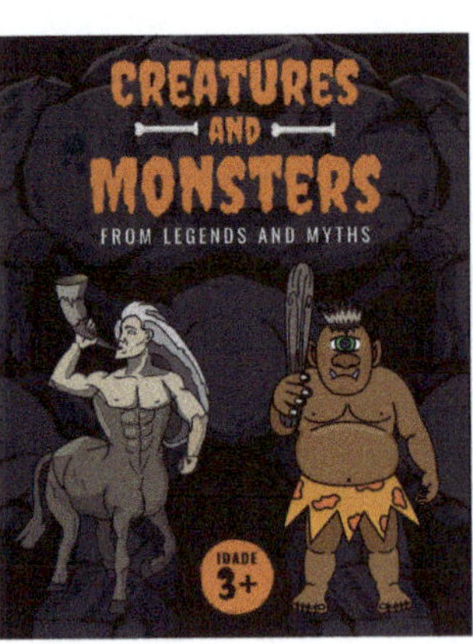


# et beaucoup plus!

www.ingramcontent.com/pod-product-compliance
Lightning Source LLC
LaVergne TN
LVHW071453180726
843512LV00018B/1365